Margarethe Dupon

Körper und Seele in Einklang bringen - durch Hypnose, Akupunktur, Ernährung und Atmung

Bibliografische Information durch die Deutsche Nationalbibliothek

Die Deutsche Nationalbibliothek verzeichnet diese Publikation in der Deutschen Nationalbibliografie; detaillierte bibliografische Daten sind im Internet über http://dnb.dnb.de abrufbar.

Herstellung und Verlag: BoD – Books on Demand, Norderstedt

ISBN 9-78375-5-78449-4

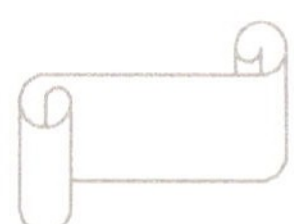

Inhalt:

Die Botschaften des Körpers beachten und Verantwortung für sein Leben übernehmen, das spirituelle Wohlbefinden fördern. Kann Meditieren körperliche Beschwerden lindern? Die Autorin Margarethe Dupont gibt Antworten und bringt ihre eigenen Erfahrungen mit ein. Da sie in der Normandie geboren wurde, ist sie logischerweise sehr naturverbunden und weiß, dass ohne das Gehen durch die Natur, keine Therapie gute Ergebnisse hervorbringen kann. Ihre Anwendungsvielfalt bezieht sich nicht nur auf einige Möglichkeiten, sondern es geht dabei um sehr viel mehr. Die Psychologin hat ihre Menschenkenntnisse und die Liebe zu Mensch und Natur, in die Therapiestunden eingebunden. Sie erklärt, wie der Körper mit der Seele harmonieren kann. Warum werden wir krank? Emotionen werden analysiert. Margarethe sieht es als wichtig an und betont immer wieder, dass die Menschlichkeit ein wesentlicher Bestandteil ihrer Kurse und Therapien ist. Nur so werden Erfolge erzielt. Seit vielen Jahren befasst sie sich mit dem Thema der Meditation, Akupunktur, gesunder Ernährung, Selbstfindung, Entschleunigung und vieles mehr. In ihren Therapiestunden geht es ruhig und gelassen zu. Alle Teilnehmer sollen sich wohlfühlen, innerlich frei machen und sich nicht nur ihrem Körper widmen, sondern auch, mit der Unterstützung von Margarethe, ihren Seelenfrieden finden. Sie kann sich in den Teilnehmer oder die Teilnehmerin hineinversetzen, sie ist einfühlsam, und kann zuhören. Der Kursteilnehmer soll lernen, wie man einen gesunden Lebensstil, verbunden mit positiven Fähigkeiten, entwickeln kann. Mit diesem Buch versucht die Autorin den Betroffenen nicht nur die einzelnen Phasen der

Meditation zu vermitteln, sondern auch aufzuzeigen, wie man sich gesund ernährt. Gesund essen wirkt sich positiv auf den Geist und unsere Psyche aus. Es ist nicht schwer ein gesundes Leben zu führen. Dazu gehört die Selbstfindung oder Erdung. Am wichtigsten ist eine vollwertige Ernährung, aber auch Verantwortung für uns und für unsere Mitmenschen. Lassen Sie sich inspirieren und am Ende überzeugen, den richtigen Weg gegangen zu sein.

Renate Sültz

Aus dem Gespräch zwischen Renate Sültz und Margarethe Dupont:

… Seit etlichen Jahren befassen wir uns mit diesem Thema. Verantwortlich sein für das eigene Leben. Wie können wir diese Verantwortung noch verbessern? Wie kann man Glück empfinden und gelassener werden? Richten Sie ihre Aufmerksamkeit auf den Moment, in dem sie sich befinden. Das heißt, dass sie stets auf sich achten müssen, damit sie bewusst im Hier und Jetzt leben können. Leider sind nicht alle Menschen in der Lage dazu. Sie werden zu sehr von ihren Pflichten gefangen gehalten. Dazu zähle ich die Kindererziehung, Beruf und andere Verpflichtungen. Denken Sie für einen Moment an etwas anderes. Nehmen Sie sich ihre persönliche Auszeit und versuchen sie Entspannung zu finden. …

Margarethe Dupont

Der Übergang von Bedachtsamkeit und Meditation kann fließend sein. Viele Techniken des Meditierens bauen auf Behutsamkeit und bedächtig sein auf. Das große Anwendungsspektrum der Meditation richtet in erster Linie sein Augenmerk auf die Gesundheit und das Gehirn. Im Laufe der Jahre sind schon viele Erfolge verzeichnet worden. Ich habe in den Kursen meinen Teilnehmern gelehrt, dass Konzentration sehr wichtig ist. Nur so kann man Alltagsstress und auch chronische Schmerzen lindern. Nachweislich verändert sich durch das Konzentrieren, die komplette Gehirnstruktur.

Es ist wissenschaftlich belegt, dass jahrelange, schlimme Schmerzen, nach regelmäßiger Meditation kaum noch ins Gewicht fielen. Jedoch möchte ich hier zum Ausdruck bringen, dass plötzliche, akute Schmerzen in die Hand eines dafür zuständigen Arztes gehören.

Richten Sie in den Augenblicken des Meditierens ihr Augenmerk auf das Hier und Jetzt.

Was passiert im Körper beim Meditieren?

Hier spielt der Vagusnerv eine zentrale Rolle. Er ist der Hauptnerv des Parasympathikus und ist für die innere Ausgeglichenheit verantwortlich. Er fügt Gehirn und Organe zusammen. Außerdem sorgt er für einen ruhigen Herzschlag. Zu seinen Aufgaben gehört auch, die Stresshormone zu reduzieren und den Darm zu stimulieren.

Sie sollten versuchen bewusst Luft zu holen. Ihre Haltung sollte entspannt sein. Registrieren Sie mit voller Aufmerksamkeit, wie der eigene Atem fließt und sie werden schon nach kurzer Zeit spüren, dass die Atmung am deutlichsten an der Bauchdecke spürbar ist. Wenn sie anschließend ihren gesamten Körper wahrnehmen können, ist es Zeit, die Übung zu beenden.

Aufmerksamkeit hat nichts mit dem Alter zu tun. In der Lebensmitte geben viele von uns die Verantwortung für ihre Kinder ab. Dadurch gewinnen sie neue Freiräume, die sie für sich nutzen können.

Jeder von uns hat es schon erlebt, dass der Kalender mit irgendwelchen Terminen vollgeschrieben ist. Den ganzen Tag ist Hetze und Stress angesagt.

Hier schlage ich folgende Übung vor:

Haben Sie schon einmal konzentriertes Gehen ausprobiert?

Es verbindet die Aufmerksamkeit zwischen Atmung und Wahrnehmungsübung und ist gut für unser Wohlbefinden. So wird es gemacht: stellen sie sich gerade hin und richten sie den Blick auf den Boden. Richten Sie ihre Aufmerksamkeit auf den rechten Fuß. Die rechte Ferse anheben und den Fuß mit Bedacht wahrnehmen. Spannen Sie nun die Muskulatur kräftig an, sodass Sie beim Aufsetzen des Fußes, die Beschaffenheit des Bodens spüren. Atmen Sie langsam und gleichmäßig, genießen sie die Ruhe, die sich einstellt. Auch in Ruhe und ohne Stress, die Mahlzeiten genießen ist wichtig. Wir werden seelisch und körperlich gesund bleiben.

Wenn wir langsam und achtsam essen, können wir, wenn wir wollen, etwas Alltägliches neu erleben.

Mein Rat:

Aktivieren Sie ihre ganzen Sinne während sie essen, denn das ist besonders wichtig, richtig und langsam zu kauen.

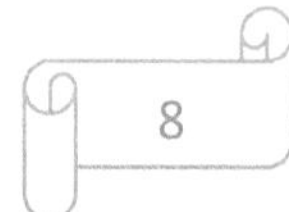

Schlucken Sie die Nahrung nicht herunter, um das Hungergefühl verschwinden zu lassen, sondern genießen Sie jeden Bissen. Lassen Sie die Geschmacksnerven selbständig arbeiten. Führen Sie während des Essens keine Streitgespräche. Sie werden spüren, dass die Speisen in ihrem Bauch, ein wohliges Gefühl hervorrufen.

Mein Rat:

Nehmen Sie doch einmal ein erholsames Bad im Wald anstatt in der Wanne. Dazu kann schon ein einfacher Spaziergang ermutigen. Die Japaner machen es uns vor. „Shinrin yoku, ist seit langer Zeit eine gesundheitsfördernde Maßnahme. Es bedeutet nichts anderes als „Waldbaden". Wahrnehmungs- und Atembewegungen werden dadurch verbunden. Sie bringen gleichzeitig viele positive Ergebnisse mit sich. Gehen Sie beim Sparziergang durch den Wald bewusst langsam. Suchen Sie sich genügend Augenblicke zum Entspannen. Ob sie sich auf einen Baumstumpf setzen oder direkt unter den Baum legen ist völlig egal. Atmen Sie die frische Luft des Waldes tief ein. Mit jedem Atemzug stellt sich innere Ruhe ein. Das herrliche Grün und das große Angebot an Blättern und Gewächsen gibt ihnen Kraft. Genießen Sie dieses Gefühl. Lassen Sie sich treiben und entdecken Sie die Schönheit der Natur.

Hören Sie genau hin, wenn Sie ein ruhiges Plätzchen gefunden haben. Horchen Sie in den Wald hinein. Hinterfragen Sie nicht, was sie zu hören bekommen. Erforschen sie die Luftfeuchtigkeit, die Temperatur und wo spürt man einen Luftzug? Wie fühlen sich die verschiedenen Oberflächen an? Welches Gefühl haben sie, wenn sie über den Waldboden gehen? Zwischendurch sollten sie den Blick nach innen richten und auf ihre Gedanken, Gefühle und Körperempfindungen achten.

Gesundheit und Krankheit sind auch sehr wichtige Themen. Von einem Arzt erwartet man, dass er vernünftig auf die Fragen des Patienten antwortet. Doch welcher Doktor gibt gerne zu, nicht für alles eine Antwort zu haben. Keiner hat bisher herausgefunden, wie man nicht krank werden kann. Warum nicht? Weil es unmöglich ist. Es gibt auch keinen Stein der Weisen und schon gar nicht Medikamente, die gesund machen. Warum wird man überhaupt krank?

Dazu muss man den Mensch als Ganzes verstehen, wie er körperlich und geistig harmoniert.

Der Körper ist mit einem Fluss zu vergleichen, der sich ständig wandelt. Das Bild, welches man sich vom Körper macht, ist eine Abfolge von Bildern. Sie sind real und im nächsten Augenblick illusorisch. Unser Leben besteht aus einer Abfolge gegenwärtiger Momente, die sich harmonisch zusammenfügen und das Gerüst des Lebens bilden. Wenn ihnen das Leben viel Kummer bereitet hat und sie das Gefühl haben, den Boden unter ihren Füßen verloren zu haben, geben sie nie auf.

Nehmen Sie sich Auszeiten, in denen Sie meditieren, lesen oder ein gutes Essen zubereiten. Schreiben Sie einfach mal ihre Gedanken auf. Machen Sie Dinge, die ihnen Freude bereiten. Doch achten sie immer auf ihren Körper, egal was sie gerade tun. Gesund sein ist die Grundlage für ein glückliches Leben. Sind sie vorsichtig und tun sie alles mit Bedacht, denn nur so können sie Angst und Stress bewältigen. Es sind die Hauptschuldigen in diesem Teufelskreis. Wenn man es nicht schafft alleine da heraus zu kommen, sind nicht nur seelische Erkrankungen die Folge, auch Schäden des Körpers kommen dazu.

Mit mehr Vorsicht steigern wir nicht nur unser Wohlbefinden, sondern auch unser Gedächtnis. Sicher möchten sie wissen, was ich damit meine. Dies soll bedeuten, dass man die Ziele, die man hat, auch mal für kurze Zeit vergisst. Freiräume schaffen, um den Augenblick genießen zu können. Diese Verhaltenstherapie findet man auch in den Lehrbüchern, der buddhistischen Mönche.

In den 1970er Jahren schaffte man es fernöstliche Traditionen, mit der Medizin unseres Landes zu verbinden.

Die Verminderung von Stress durch Behutsamkeit gewinnt weltweit immer mehr Anhänger.

Es ist gar nicht so schwer, für einen Augenblick im Hier und Jetzt zu verweilen. Lassen Sie sich vollkommen auf den Charakter, zum Beispiel eines Pferdes ein. Nehmen Sie das Tier so an, wie es ist und genießen Sie den Augenblick. Glauben Sie mir, sie werden mehr als glücklich sein, denn der Umgang mit Tieren, wirkt sich positiv auf den Menschen aus. Es wurde in Untersuchungen belegt, dass vorwiegend Pferde dem Menschen, körperliches und seelisches Wohlbefinden vermitteln.

Jedoch ohne einen entspannten Morgen kann kein guter Tag stattfinden. Er ist das A und O für ihr Allgemeinbefinden. Beginnen Sie den Morgen mit einem ausgiebigen Frühstück. Denken Sie nicht an die Routine, die der Tag für sie bereithält. Die erste, lecker duftende Tasse Kaffee, lässt sie nicht mehr darüber nachdenken. Stehen Sie etwas früher auf als sonst, dann können Sie bewusst den Tag begehen.

Wenn ich am Abend körperlich am Ende bin, umgibt mich ein Zufriedenheitsgefühl. Das liegt an meinem Beruf, der mich mit verschieden Menschen zusammenbringt. Bedachtsamkeit und die dazugehörige Meditation, sind die wichtigsten Werkzeuge, die mich glücklich machen. Hinzu kommen positives Denken und selbständiges Handeln. Von niemandem abhängig sein zu müssen, sich nichts sagen lassen, sondern eigene Entscheidungen treffen.

Um sie treffen zu können, sollten sie im Einklang mit den eigenen Bedürfnissen stehen. Dazu müssen wir gewissenhaft sein. Wenn sie als neugeborenes Kind, bis zur Selbstständigkeit und noch darüber hinaus, geliebt und beschützt wurden, sind sie von Anfang an mit einem starken Selbstbewusstsein gesegnet.

Wäre es nicht schön einmal mit der ganzen Verwandtschaft friedlich an einem Tisch zu sitzen? Zu lachen und ein gutes Essen gemeinsam einzunehmen? Zeitlich klappt es jedoch nicht, weil der Alltagsstress uns einen Klotz vor die Füße wirft. Das Ergebnis ist wieder einmal „VERSCHIEBEN". Das ist wohl normal. Keiner kann sich davon freisprechen. Sollten wir nicht versuchen alles in der Waage zu halten? Ich denke, dass man Möglichkeiten finden muss, um Wege und Ziele in der Balance zu halten. Unser Handeln und Tun sollte sich vorwiegend nach den eigenen Werten richten. Unzufriedenheit und psychische Krankheiten könnten das Ergebnis sein. Oft denken wir, dass wir schwierige Situationen mit links erledigen können. Das stimmt nicht ganz. Mit anderen Menschen gehen wir oft wohlwollender um, als mit uns selbst. Jeder von uns hat einen inneren Couch. Doch nicht alles im Leben lässt sich ohne Hilfe schultern. Wenn man Glück hat, mit einem Partner oder einer Partnerin durch das Leben gehen zu können, so wie ich, ist vieles leichter und schöner. Mein Mann ist

Kinderarzt und doch tauschen wir viele Gedanken gemeinsam aus, die in alle Richtungen gehen.

Wie sieht es denn aus mit Freunden und Bekannten? Bietet ihnen dieses „NETZWERK" genügend Halt für ein zufriedenes Leben? Auch andere werden ihre Probleme haben, den Anforderungen des Alltags gerecht zu werden. Mit einfachen Techniken der Meditation können hier überzeugende Ergebnisse erzielt werden

Können wir zielorientiert und konsequent leben und uns gleichzeitig gesund erhalten?

Vielleicht haben Sie sich schon mal gefragt, warum es so vielen Menschen schwerfällt, für ein zielorientiertes Miteinander zu sorgen. Eigentlich ist es doch ganz einfach, oder? Diese Frage habe ich mir schon immer gestellt. Ich fragte meine Kursteilnehmer, wie schwer es ihnen fallen würde, sich für gesunde Lebensgewohnheiten zu entscheiden. Nicht viele Antworten habe ich bekommen. Niemand wusste, was er sagen sollte. Die meisten Menschen wissen nicht einmal, wie sie ein gesundes Leben führen können. Zu viel Übergewicht, Rauchen und falsche Ernährung sind daran schuld. Ein Viertel von uns isst täglich einige Portionen Obst und Gemüse. Auch im Bewegungsbereich sieht es schlecht aus. Schon Kinder hocken nach der Schule an ihren Computern und zocken was das Zeug hält. Klar, dass ich das nicht auf alle Jugendlichen beziehen kann und auch nicht darf.

Wir alle kommen mit einem gesunden Körper zur Welt, bis auf nicht gerade wenige Ausnahmen. Wenn wir aber als erwachsener Mensch krank werden, muss jeder von uns um seine Gesundheit kämpfen. Man kämpft nie für sich, sondern gegen sich selbst. Meiner Ansicht nach, sind die meisten Friedhöfe voller Leute, die gegen etwas gekämpft haben. Sie werden denken, dass es doch normal ist, oder? Viel Energie wird verbraucht, wenn man gegen etwas kämpft. Unsere Zeit und Kraft geht dabei verloren. Der Körper ist ein Teil von uns und will geliebt und respektiert werden wie wir.

Wussten sie, dass wir nicht nur Körper und Seele sind? Es wohnt noch eine andere Kraft in uns, die uns leitet. Der Körper ist Teil eines großen, kaum vorstellbaren Systems. Es ist die Beschreibung für physisch und psychosomatisch, welche in der Medizin gängig ist. Ich denke, dass das Zusammenspiel von Körper und Geist eine Energiequelle erzeugt, die wir fühlen. Es ist schwer erklärbar. Wir sollten Krankheiten als Botschaft betrachten, nicht aber als Unglück.

Vor einiger Zeit hatte ich einen Kursteilnehmer, der mit Weisheit gesegnet war. Ich fragte ihn nach dem Sinn der

Krankheiten. Der Teilnehmer meinte, dass Kranksein eigentlich die Angst vor dem Leben ist. Kranksein zerstört das Leben und verlangsamt das Dasein. Die Angst vor dem Leben trifft zum Glück nicht auf alle Menschen zu. Die Betroffenen aber glauben nicht fest genug an sich. Sie schaffen sich ungewollt Hindernisse. Krankheiten machen schlapp, jedoch stärken sie uns gleichzeitig. Wenn wir krank werden, zwingt uns der Körper, ihn besser kennenzulernen.

Doch tief in unserem Geist verankert, wissen wir es schon längst. Eine Krankheit stört die Ordnung des alltäglichen Ablaufs. Warum? Weil sie als Zeichen verstanden werden will. Es muss uns doch gelingen, die Botschaften des Körpers vollständig zu entschlüsseln. Wir müssen wenigstens einmal definieren, was ein gesunder Mensch ist. Er hat auf jeden Fall, die Botschaften seines Körpers verstanden. Bevor eine Krankheit zum Tragen kommt, hat er schon Vorsorge getroffen. Er ernährt sich gesund und befolgt alle Maßnahmen, die für seine Gesundheit wichtig sind.

Auf welche Art und Weise kann man denn ein zufriedenes Leben führen?

Sicher gibt es viele Antworten darauf. Doch es gehört noch einiges mehr dazu. Ich glaube, dass wir uns auf den gegenwärtigen Moment, in dem wir uns befinden, konzentrieren sollten. Da wo wir gerade sind, können wir Einfluss auf das Geschehen nehmen.

Panik, Angst und Schuldgefühle, sind die ständigen Begleiter vieler Menschen. Dann kann sogar Angst in panische Furcht ausarten. In meinen Kursen wird das Thema Angst und dadurch entstandenes, fehlendes Selbstvertrauen eigentlich ständig behandelt. Durch Meditation und Hypnose konnte ich schon vielen Teilnehmern helfen. Doch Ängste, die sehr tief sitzen, müssen oft mit Medikamenten weiterbehandelt werden. Wenn wir nicht mehr selbstbewusst leben, sondern uns über Äußerlichkeiten definieren, haben wir verloren. Wir fangen an, uns Bestätigung und Zustimmung von anderen Leuten geben zu lassen. Dieses krankhafte Verlangen, geliebt zu werden, wird von Panik getrieben und führt den Betroffenen zur Angst zurück.

Wir sollten gut planen, was wir als Nächstes tun wollen. Jegliche Anspannung verfliegt sofort. Im Hier und Jetzt leben heißt, seine Gedanken nicht einfach abstellen, sondern sie nutzen. Zurückkehren zu unserer angeborenen Intelligenz.

Das Wort „LEBEN", trägt eine Vielzahl an Bedeutungen in sich. Man kann es nicht nur mit ein paar Worten beschreiben. Doch versuchen wir es einfach. In Kontakt sein mit all unseren Empfindungen, bedeutet „LEBEN", obwohl das Leben nicht immer rosarot ist und auch mit gewaltigen Hindernissen aufwarten kann. Ständiges Weglaufen und Verkriechen, ist der falsche Weg. Schlechten und traurigen Erlebnissen sollten wir mit unserem großen Potenzial entgegentreten. Das sehe ich als sehr wichtig an. Unsere Empfindungen müssen in diesen Momenten glasklar sein, um in uns selbst die Kraft zu finden, die wir brauchen.

Oft werden Gefühle, die man durchlebt hat, von suspekten und angeblich allwissenden Fachleuten durchleuchtet. Sie versuchen zu analysieren. Diese angeblichen Seelenheiler wollen ihnen ja nur helfen. Das ist unverschämt, dumm, aber auch inkompetent. Ich denke leider so darüber, denn gerade in meinem Beruf habe ich unschöne Dinge miterlebt. Es werden suspekte Ratschläge in regelmäßigen Abständen gegebenen. Sie verleiten den Mensch, sein eigenes „ICH" langsam aber sicher abzuwerten. Lassen Sie es nicht so weit kommen, sondern suchen Sie sich einen anerkannten Psychotherapeuten.

Essen Sie regelmäßig, langsam und mit Bedacht. Laden Sie sich öfter Freunde zum Essen ein. Kochen Sie doch mal zusammen mit dem Partner ein leckeres Menü. Wälzen Sie keine Probleme am Tisch, sondern genießen sie mit allen Sinnen, das leckere Essen, welches sie gezaubert haben.

Reichlich trinken täglich ist wichtig für das Gehirn. Bekommt es zu wenig Flüssigkeit, kann es austrocknen. Schwindel, Kopfschmerzen, Konzentrationsschwäche und Ohnmacht, können daraus resultieren.

Machen Sie sich mit den Lebensmitteln vertraut und gehen Sie auf einen Wochenmarkt oder Supermarkt. Kaufen Sie Bio-Ware. Regionales Obst und Gemüse, welches zu den Jahreszeiten angesagt ist. Fisch bitte nur dann, wenn ausdrücklich beschrieben wird, wo er gefangen wurde. Er darf nicht der Überfischung ausgesetzt sein, sondern unbedenklich gekauft werden können.

Essen Sie mindestens zweimal in der Woche Fisch. Die darin enthaltenen Omega3 Fettsäuren, sind wichtig für Gehirn und andere innere Organe. Rindfleisch nur von artgerechter Tierhaltung kaufen. Das darin enthaltene Eisen brauchen wir. Zweimal in der Woche Fisch zubereiten.

Ebenso Schweinefleisch. Die im Fleisch enthaltenen Vitamine sind auch sehr wichtig für Körper und Geist. Am besten täglich eine Portion Obst und Gemüse essen. Die Mahlzeiten sollten ausgewogen sein, das heißt Obst, Gemüse, Fisch und Fleisch immer in ihren Speiseplan integrieren. Der Kreativität steht dann nichts mehr im Wege. Milchprodukte, wie Käse, Quark und Joghurt ohne Frucht sind wichtige Eiweißlieferanten neben dem Fleisch. Das Nahrungsangebot ist reichhaltig. Nutzen Sie es mit Überlegung.

Einige von uns können Schicksalsschläge einfach so wegstecken. Aber warum?

Wissenschaftler befassen sich schon sehr lange mit der Frage. Wie gelingt es Menschen, mit den schlimmsten Krisen zurechtzukommen, ohne einen seelischen Schaden zu erleiden? Es soll laut den neuesten Erkenntnissen, eine Mischung aus Stabilität und Flexibilität sein. Nehmen wir das Bambusgewächs, welches zwar vom Sturm auf den Boden landet, aber nicht zerbricht. Es richtet sich im Anschluss wieder auf, als wenn nichts geschehen ist.

Ich denke, dass bei uns Menschen die psychische Gesundheit nach schwerwiegenden Schicksalsschlägen versucht, unsere Seele zu schützen. Ist die Stärke, die einige Menschen entwickeln, damit zu erklären? Überall auf der ganzen Welt, wird für Forschungen auf diesem Gebiet, viel Geld ausgegeben. Doch es gelingt den Menschen immer weniger, mit Alltagsbelastungen fertig zu werden. Ich beobachte es täglich bei meinen Kursteilnehmern. Wegen psychischer Erkrankungen lassen sich mehr Betroffene krankschreiben.

Doch wie ist es zu erklären, dass die Gruppe der „STARKEN", so reagieren. Ich vermute, dass es eine Art von Selbstschutz ist. Oder aber die positive Verbindung zu Familie und Freunden? Optimismus etwa? Keiner kann bis Dato eine plausible Erklärung dazu abgeben. Auch hier sage ich wieder ja, zu einer ausgewogenen Kost, denn alles was wir tun, unsere Gefühlswelt, Gedanken, werden von unserem Gehirn gesteuert, welches in erster Linie von gesunder Ernährung profitiert. Wissenschaftler untersuchen momentan Menschen aller Altersgruppen. Das sind alte Leute und diejenigen, die noch im Berufsleben stehen.

Es wäre wirklich interessant zu wissen, wie manche von uns, mit Lebenskrisen so gut umgehen können.

Ich glaube, es ist ein Lernprozess, dem wir alle irgendwann ausgesetzt sind. Die Anzahl der Krisen, die man mitmachen muss, wird uns immer ein Stückchen stärker machen.

Es basieren viele Entspannungstechniken auf die Atmung, weil es ohne nicht möglich ist, das Gefühl der Entspannung wahrzunehmen. Auf der anderen Seite, können wir uns durch die Stille beim Meditieren, näherkommen. Eine Menge Ansätze könnten diese Anwendungen vervollständigen.

Oft treffe ich Leute, die stolz darauf sind, alle Techniken und Anwendungen mitgemacht zu haben. Doch nach genauer Nachfrage gestehen sie, dass sich an ihrem Gesamtzustand nichts geändert hat. Diese Menschen haben zwar viel gelesen, ausprobiert und verstanden, trotzdem änderte sich nichts. Wahrscheinlich wurden sie von ihren Therapeuten getäuscht.

Um den inneren Kern wiederzufinden, gibt es verschiedene Anwendungsmöglichkeiten. Jedoch einige, wichtige Regeln sollten beachtet werden. Diese Techniken, sollen den Gefühlen absoluten Vorrang einräumen und Empfindungen priorisieren. Es muss der geistige Austausch und die Kommunikation zurückgestellt werden. Außerdem ist es wichtig, dass die Körper berührt werden. Zu oft werden Berührungen unbeachtet gelassen. Die Folge davon ist, dass derjenige nicht zu sich selbst finden kann.

Jeder Körper birgt Erinnerungen und Schwingungen in sich. Um diese wieder hervorzuholen, gibt es eine besondere Form der Berührung. Erst dann kommen alle Schwingungen und Erinnerungen, wieder zum Vorschein. Gefühle müssen einfach zum Ausdruck gebracht werden, damit eine Heilung stattfinden kann.

Auf unterschiedlichste Art und Weise können Gefühle gezeigt werden. Während einer Therapie muss das immer möglich sein, denn das ist das Ziel eines kompetenten Therapeuten. Außerdem ist das Wort „Macht", bei der Auswahl der Anwendungen und des Therapeuten wichtig. Er ist ein Mensch, der absolut keinen Einfluss auf sie ausüben wird und nicht kann. Er stellt nur die Verbindung zwischen ihnen und ihrem Inneren her. Viele sogenannte Therapeuten, die sich auch noch als „GUT" bezeichnen, spekulieren nur darauf Macht über sie auszuüben. Sie werden mit Herablassung und Intoleranz behandelt. Lassen Sie am besten die Finger davon, denn sie sind nicht echt. Sie würden ihnen nur schaden. Verlassen Sie lieber fluchtartig den Raum. Nur sie selbst können sich helfen. Der Therapeut kann nur Hilfestellung geben.

Oft ist es schwer, sich fallen zu lassen, denn man muss innerlich dazu bereit sein. Wie viel Zeit sie dazu brauchen, kann man vorher nicht sagen. Ich finde die Pausen zwischen den Anwendungen, sind sehr wichtig.

Was sie bisher geschafft haben, in meinen Kursen und Therapien, ist sehr viel. Seien sie stolz darauf. Schauen Sie weiterhin nach vorne, damit sie sich selbst noch besser kennenlernen. Je größer der Respekt ist, den sie sich entgegenbringen, desto besser können sie verstehen, dass wir die Liebe der ganzen Welt in uns tragen. Es ist eine vollkommene Liebe, die real ist und im HIER und JETZT existiert.

Ich hoffe, ihnen hat dieses Buch gefallen. Es gibt viele Methoden und Anwendungen, die ihnen helfen können, Seele und Körper in Einklang zu bringen. Es ist mein Ziel, dass sie wieder zu sich selbst und zu ihrem tiefsten Inneren zurückfinden. Vielen Menschen konnte ich mit meinem Können und Einfühlungsvermögen helfen.

Nunmehr möchte ich mich bei all meinen Kursteilnehmern, Patienten, Freunden und meinem Ehemann bedanken. Bei der Herstellung des Buches standen sie mir mit Rat und Tat zur Seite. Der größte Dank jedoch geht an meinen älteren Bruder Gerome. Er arbeitet ebenfalls als Psychologe und Therapeut. Damals, während meines Studiums, machte ich ein Praktikum in seiner Praxis. So eignete ich mir die Techniken der Akupunktur und der Hypnose an. Ich danke dir, lieber Bruder, dass du Zeit für mich hattest. Durch dich habe ich sehr viel Nützliches gelernt.

Nun wünsche ich jedem von ihnen, alles erdenklich Gute. Lassen Sie es zu, dass sich die Seele mit ihrem Körper verbindet. Haben Sie Geduld mit sich und sie werden die Veränderung spüren. Das Wichtigste ist, dass sie wieder glücklich und selbstbewusst durchs Leben gehen.

Alles Gute und viel Erfolg, Ihre Margarethe Dupont